爱上地理课

AISHANG DILIKE

埃及的首都·开罗

AIJI DE SHOUDU · KAILUO

知识达人 编著

成都地图出版社

图书在版编目（CIP）数据

埃及的首都 : 开罗 / 知识达人编著 . —成都 : 成都地图出版社，2017.1（2021.8 重印）
（爱上地理课）
ISBN 978-7-5557-0421-8

Ⅰ . ①埃… Ⅱ . ①知… Ⅲ . ①开罗—概况 Ⅳ . ① K941.1

中国版本图书馆 CIP 数据核字 (2016) 第 208153 号

爱上地理课——埃及的首都·开罗

责任编辑：	吴朝香
封面设计：	纸上魔方

出版发行：成都地图出版社
地　　址：成都市龙泉驿区建设路 2 号
邮政编码：610100
电　　话：028－84884826（营销部）
传　　真：028－84884820

印　　刷：唐山富达印务有限公司
（如发现印装质量问题，影响阅读，请与印刷厂商联系调换）

开　　本：710mm×1000mm　1/16
印　　张：8　　　　　　字　数：160 千字
版　　次：2017 年 1 月第 1 版　印　次：2021 年 8 月第 4 次印刷
书　　号：ISBN 978-7-5557-0421-8
定　　价：38.00 元

主人公简介

大胡子叔叔

42岁的詹姆斯·肖，美国人，是位不折不扣的旅行家和探险家，足迹遍布世界许多国家。因为有着与肯德基爷爷一样"茂盛"的胡子，所以被孩子们亲切地称为"大胡子叔叔"。

吉米

10岁的美国男孩，跟随在大使馆工作的父母居住在中国，是大胡子叔叔的亲侄子。他活泼好动，古灵精怪，对世界充满好奇。

主人公简介

映真

11岁的韩国男孩，汉语说得不好，但英语说得很流利。性格沉稳，遇事临危不乱。

花花

10岁的中国女孩，自理能力差，有一点点任性和霸道。她的父母与映真的父母是很要好的朋友。

目录

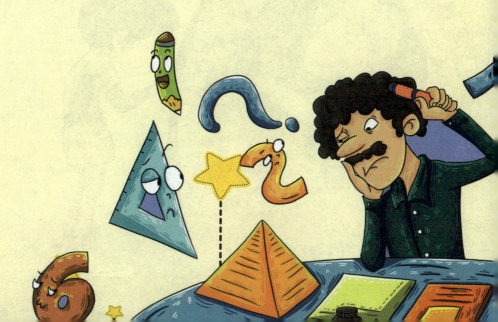

目录

引言

这天，大胡子叔叔宣布说："孩子们，这次我们要去的地方拥有举世闻名的撒哈拉大沙漠和最壮美的城堡，而且是四大文明古国之一，猜到是哪里了吗？"

映真第一个回答："埃及！"

"对啊，埃及！"花花和吉米也开心地说。

"答对了，聪明的孩子们，我们这次的目的地是埃及的首都——开罗！"大胡子叔叔笑哈哈地宣布。

提着行李箱，孩子们又一次踏上了旅途。

在飞机上，孩子们一刻都没有停止向大胡子叔叔这个旅行家提问。花花看到书上写着开罗是文明古国埃及的首都，就问大胡子叔叔："开罗有多古老，像中国的西安一样古老吗？"

大胡子叔叔捋了捋胡子说："没错，古埃及人甚至称开罗是世界"城市之母"，它是世界上拥有自己文明、政治的城市。"

花花问："那'开罗'这两个字到底是什么意思呢？"

"'开罗'是阿拉伯语，表示'胜利'的意思哦。"大胡子叔叔耐心地解答。

"这么古老的城市，一定有很多神秘而有趣的地方吧？大胡子叔叔准备带我们去哪里玩呢？"映真问。

大胡子叔叔说："没错，开罗横跨尼罗河，雄伟壮观，神秘迷人，是整个中东地区的政治、商业、旅游中心，是所有热爱旅游的人的梦想之地。这次，我准备带你们参观神秘的金字塔，拜访古城孟菲斯，体验诡异的'鬼市'交易，还会带你们去城市之星购物，品尝开罗的美食……总之，这会是一次终生难忘的旅行，期待吧，孩子们！"

孩子们七嘴八舌地说了很久，不知什么时候都在飞机的座椅上香甜地睡着了。他们嘴角不时地上扬，看起来好像已经在梦中开始了开罗之旅。

第1章
真实的童话世界

　　飞机在孩子们的期盼中终于缓缓落地。经过十多个小时的飞行，小家伙们已经累了，机场大巴直接把他们送往旅馆。

　　休息的时候，花花问："大胡子叔叔，怎么酒店和外面的建筑那样熟悉呢，明明自己以前没来过呀！"

　　映真眨眨眼睛，说："你小时候看过《一千零一夜》故事书吧？

那里面的插图和开罗很像！"

　　"还真是！"花花兴奋地大叫起来，仿佛一下子从梦中惊醒。

　　"可是，为什么神话中的插图是开罗的样子呢？"花花问。

　　"是这样的，"大胡子叔叔说，"这本书的故事有三部分——第一部分起源于印度，第二部分起源于伊拉克的阿巴斯王朝，第三部分起源于埃及的马姆鲁克王朝。所以说开罗是《一千零一夜》的家乡之一啊！"

　　"就是说书里有很多的神话故事都发生在开罗啦？"吉米眨眨眼睛问。

　　"没错，在《一千零一夜》中曾经有'没到过开罗就没见过世界'的描述。"大胡子叔叔回答说，"开罗这片土地浓缩了几千年的文化历史，每走一步都好像行走在历史书中一样。"

"看来开罗像《一千零一夜》那样著名呢。"花花说。

"《一千零一夜》在西方被称作是《阿拉伯之夜》，而在中国则被称作《天方夜谭》，由此可以看出这里的故事是多么神秘而又充满诱惑，"大胡子叔叔说，"只要听说过这本书的人，都会想去阿拉伯世界，特别是到开罗来看一看。"

"大胡子叔叔，我又有疑问了，这里怎么会有那么多的神话故事呢？"映真问。

"哈哈，这里是很神奇的。"大胡子叔叔说，"开罗是世界的城市之母，这里有孕育了人类文明的尼罗河，要知道，在沙漠面积占了

阿拉伯之夜

百分之七八十的阿拉伯世界拥有如此

灿烂的文明本身就是一件神奇的事情。因此，几千年来无数的神

话流传在这片土地上，后人归纳总结形成了《一千零一夜》。"

孩子们点点头，对这里愈发充满了向往。

这时，大胡子叔叔起身说："饿了吧，孩子们！咱们到街上去逛

逛，找点好吃的，亲身体验一下真正的开罗吧！"

"好啊，好啊！"孩子们连忙答应。

开罗的大街上人流如织。大家发现一个特别有趣的现象：很多骑

着单车的年轻人或者步行的中年人头上都顶着一个大大的筐子。有的

筐里面装着白面饼，有的装着水果，还有的装着布料或大米等生活用

品。人们快乐地吹着口哨，轻松自如地穿梭在拥挤的人流中。

花花拍着手说："我真是走进了《一千零一夜》的故事里面了！那里的插图跟现在街上的场景一模一样！"

吉米眨巴着眼睛问："大胡子叔叔，这些人是杂技演员吗？"

大胡子叔叔大笑："哈哈哈……当然不是，这只是开罗人的生活习惯而已！他们喜欢顶着东西走来走去，就像我们用手拎着东西一样自然。"

孩子们看着街上来来往往的人们，点了点头，"哦"了一声。

这时，一阵热情欢快的音乐声伴着震撼人心的鼓点传了过来，吸引了孩子们的注意力。大胡子叔叔说："孩子们，走，带你们看看去！做一把《一千零一夜》故事里的人物吧！哈哈哈！"

第2章

热情的苏菲舞

一行四人寻声而去，原来是开罗固力宫里正在表演苏菲舞！

在排队进场的时候，大胡子叔叔兴致勃勃地说："嗨！孩子们，咱们太幸运了！你们知道吗，这固力宫的苏菲舞表演只有每周的周三和周六才有！今天恰好是周六哦！"

"什么是苏菲舞啊，大胡子叔叔？里面是不是有漂亮的公主和英俊的王子呢？"花花问道。

大胡子叔叔说："苏菲舞是从开罗古代流传至今的一种舞蹈。"他停顿了一下，又说，"你们听，有手鼓和竹笛的声音吧？舞者就是在这样的节奏里，飞速转动身上的彩裙进行表演的。"

"太神秘了！"花花说，"那到底有没有王子和公主啊？"

"看看就知道了啊！"大胡子叔叔故意卖起了关子。

就在这时，孩子们进入剧场了。一进入剧场，他们就被眼前的场面震撼住了，大家面面相觑，目瞪口呆。所有的观众都伴随着激烈的鼓点，摇摆着身体，台上台下沉浸在古老的音乐里。那充满原始神秘感和自然气息的鼓声和笛声也感染了孩子们，他们也不由自主地随着节拍扭动身体。

台上的演员在飞速旋转，美丽的裙裾像一个个巨大的彩色漩涡，

又像一个个旋转着的降落伞，漂亮极了！

孩子们感到开罗正在用热情的苏菲舞迎接他们，做梦似的，一下子掉入《一千零一夜》的神话里，感觉美妙极了！

最后的高潮阶段，舞台下全场观众都疯狂地鼓掌、吹口哨，和着节奏扭动身体。还有一些观众直接跑到舞台上去了！这时，所有观众的情绪都兴奋到了极点，发出了一阵阵排山倒海般的喝彩。

花花目不转睛地盯着台上的舞者。她对旁边的映真说："真和童话故事中看到的一样呢！"

"没错，也正因为这个，苏菲舞已经成为每一个到开罗的游客必定观看的节目，"大胡子叔叔回答说，"这是开罗古老文化的体现，通过观看热情的舞蹈，人们可以体验到开罗人的热情，还有他们乐观的生活态度。这已经是开罗的文化之一了！"

第3章
飘香的开罗美食

看完表演，已是华灯初上。

夜晚的开罗别有一番异域风情。不远处的古代风格的建筑在红褐色的灯光下显得神秘、安宁，气势恢宏。

孩子们欣赏着美景一路走来，也感觉到饥肠辘辘了。

大胡子叔叔笑眯眯地说："让我们去品尝一下正宗的开罗美食

吧！"孩子们一阵欢呼。

"呀！烤肉的香味！你们闻到了没有啊？"映真吸着鼻子惊呼着。

"哈哈！看来你们是真饿了，嗅觉都变得灵敏了！"大胡子叔叔打趣说，"咱们过去瞧瞧吧！"

烤肉的香味吸引着大胡子叔叔和三个小淘气，他们来到了一个叫GAD的餐厅前。

"这里被称为'埃及麦当劳'呢！咱们进去尝尝吧！"大胡子叔叔捻了捻胡须说。

"好啊！好啊！"三个小家伙兴奋极了。

GAD餐厅里有很多当地特色的食品，肉夹囊、杂蔬沙拉以及冒着香气令人垂涎的烤肉……

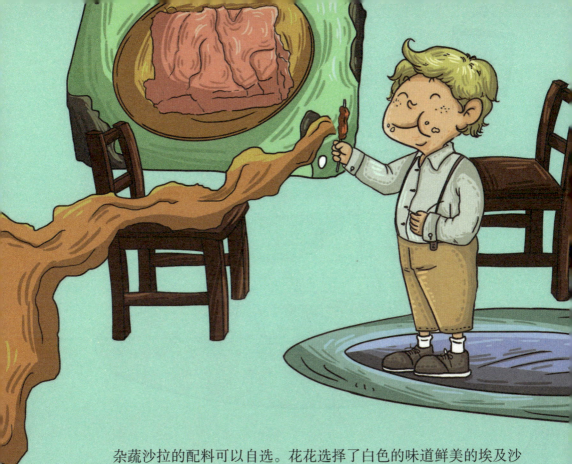

    杂蔬沙拉的配料可以自选。花花选择了白色的味道鲜美的埃及沙拉酱。大胡子叔叔则为自己和孩子们选择了埃及名菜"考谢利",它是一种由米饭、空心粉和蔬菜及各种香料炒在一起,再加上炸洋葱和豌豆组成的食物。每个人都可以根据自己的喜好,添加一些醋和辣酱等调料。考谢利不但味道十分鲜美,价格还很便宜!当然,对于"美食家"吉米来说,肉是每顿饭都不可或缺的,这次算是大饱口福了!

    孩子们和大胡子叔叔美美地饱餐了一顿。

    "真好吃,大胡子叔叔,我发现开罗烤肉特别多。"花花拍拍自己圆圆的小肚子说。

    "没错,烤肉是开罗的一大特色。"大胡子叔叔说,"由于文化发展和地域的不同,开罗菜的种类不像中国美食那样丰富,这和本地干旱炎热气候有关系。这里也没有丰富的蔬菜种类,所以人们的食物

　　以肉为主。另外，由于历史悠久，这里是人类最早的文明发源地之一，烤肉是人类吃到的最早的熟食，因此，烤肉就成为这里的一大特色。"

　　"还有好喝的果汁哦。"吉米说。

　　"是的，新鲜的果汁在这里也很出名的，"大胡子叔叔眨眨眼睛说，"开罗地处热带，水果丰富，因此，各种新鲜果品也是开罗人餐桌上不可缺少的食物。"

　　"大胡子叔叔，好像开罗人吃饭时要遵守很多规矩呢。"映真环顾着四周说。

　　吉米也点点头："对啊，刚刚大胡子叔叔也不让我们说话。"

　　大胡子叔叔点点头："开罗人虽然有着放松自由的生活态度，但是在吃饭时却很重规矩，吃饭期间不可以聊天，喝汤时不可以发出声音，更不可以浪费食物。"

孩子们点点头，花花认真地总结道："入乡随俗嘛。"

"哈哈，是的，这是对这里人们的一种尊重。"大胡子叔叔说。

"手抓饭，手抓肉……大胡子叔叔，这里的人不喜欢用餐具吗？"吉米皱皱鼻子问。

"手抓菜是埃及最古老也是最有特色的菜肴，"大胡子叔叔说，"手抓菜有着悠久的历史，出现的时间甚至比餐具更早，因此人们就形成了不用餐具就餐的习惯。"

　　"不过，开罗也在不断地发展呀。"大胡子叔叔笑着继续说，"随着文明的发展，开罗人渐渐习惯使用餐具，手抓菜慢慢就变成了这里的特色菜，而由于外来文化的影响，我们在开罗也可以品尝到很多其他地区的美食呢。"

　　天黑了，夜色中的开罗显得更加温馨安逸。

　　"开罗，明天见。"

第4章

奇怪的天气

一觉醒来，窗外阳光普照，晴空万里。新的一天开始了！

"孩子们，今天出去记得穿夏天的衣服哦。"大胡子叔叔穿上短袖T恤说。

"不会吧，昨天咱们还都穿着长袖长裤呢，难道一夜之间就到夏天了？"花花惊讶地说。

吉米问："一夜之间天气变化会那么大吗？"

　　大胡子叔叔神秘地一笑："开罗是一个非常特别的地方。它一年只有两个季节——夏天和秋天。"

　　"啊！为什么呢？"花花睁大了眼睛，禁不住插嘴。

　　"的确是这样！"大胡子叔叔说，"开罗在地中海南岸，背后又是世界上最大的沙漠——撒哈拉沙漠，属于典型的地中海气候——这是夏季少雨冬季多雨、温差明显的一种气候类型。这种气候的一大特点就是日温差特别大。现在正是季节交替之际，日温差就更明显了。中午人们会觉得像在大火炉里，早晨和晚上却冷得让人想穿棉袄。所以，也别忘了带一件厚点的长袖外套哦！"

"埃及是地中海气候，那中国呢？"花花问。

"中国大部分属于季风气候——那是一年四季分明的气候呢。不过，有一点你说错了，"大胡子叔叔说，"整个埃及可不都是地中海气候。我所说的地中海气候只存在于尼罗河三角洲一带，而埃及的大部分是沙漠气候——那是炎热少雨的气候类型呢。"

"为什么一个国家气候却不一样呢？"吉米眨着眼睛问。

"首先，埃及面积很大，它地跨亚、非两大洲，96%的面积都是沙漠，这决定了埃及大部分是热带沙漠气候，而首都开罗位于亚热带地区，且靠近尼罗河、红海以及地中海，在海洋气候的影响下，这里的气候才与众不同，也更适合于人类生活和居住。"大胡子叔叔尽量

把问题解释得简单明了。

"那是因为水是人们生存不可缺少的，对吧？"花花说。

"当然。"大胡子叔叔点点头说，"水是人类生命的动力之源。拥有充足的水源、丰富的河流是一个地区种植庄稼、发展农业的基础。因此，河流是人类文明的缔造者，它不仅可以让人类生存下去，还促进了人类社会的发展。比如这里的尼罗河，还有中国的黄河。"

孩子们点点头："所以尼罗河和黄河都可以说是母亲河啦！"

大胡子叔叔点点头，开心地说："好啦，让我们出发吧！"

为奇怪的气候准备好装备后，四个人出发啦！

第 **5** 章

神秘的金字塔

　　坐在高大的骆驼背上，用纱巾遮着脸的花花幻想着自己是古代埃及美丽的公主。

　　"大胡子叔叔，埃及人都很喜欢骑骆驼吗？"花花端正着身子，一本正经地问。一边的映真和吉米则偷偷地笑了。

　　"没错，我的公主殿下。"大胡子叔叔也一本正经地回答着，"在埃及，天气炎热，白天和黑夜的气温相差很大，而沙漠又是这里的主要地貌，所以高大耐旱的骆驼自然是人们最喜爱的出行坐骑啦。在埃及有专门的骆驼市场，那里的骆驼最多可达上万

只。不过现在交通发达，埃及人出行更多会选择汽车，但是前来旅行的人或者出来游玩的当地人，还是会选择骆驼，体验一下被这高大的家伙驮着的感觉。"

"嘿，我们到了！"领路的导游在前面挥着手，孩子们已经看到了在阳光下金光璀璨、雄伟震撼的建筑——金字塔。

"噢，天啊，太美了！"吉米感叹道。

"孩子们，那就是我们今天的目的地——吉萨大金字塔！"大胡子叔叔提高声音招呼着孩子们。

"大金字塔？真的很大哦，"花花被导游从骆驼身上抱了下来，"它的名字是因此而来吗？哪一座才是大金字塔呢？"

"我认为这些都是。"吉米皱皱鼻子，盯着面前这些"庞然大物"说。

"哦，我的孩子，"大胡子叔叔竖起一个指头晃了晃，"人类在埃及发现了100多座金字塔，我之前和你们说的吉萨大金字塔，指的是坐落在开罗吉萨区的三座很大的金字塔，它们分别是胡夫金字塔、哈夫拉金字塔和孟考拉金字塔，人们把它们合称为吉萨大金字塔。"

　　"噢，"映真点点头，"大胡子叔叔，金字塔是古代国王的坟墓，对吧？"映真在书上曾经读到过关于金字塔的故事。

　　"坟墓？"花花掩住嘴巴，"这么雄伟的建筑竟然是坟墓？"

　　大胡子叔叔点点头："没错，花花，这些就是坟墓。就像中国古代的君王会在活着时为自己修建陵墓一样，埃及的国王也会在活着时修建自己的陵寝，这就是金字塔。金字塔的建造历史从埃及第三王朝一直延续到第十三王朝，距今已经有4600多年了呢。"

"人们把它们称作金字塔是因为它们金光闪闪的吗？"吉米抱着双臂仰头看着这些神秘的古代建筑问。

　　"它们确实金光闪闪的。"大胡子叔叔仰头看看，又低下头拍拍吉米的脑袋瓜，"不过'金字塔'这个名字可不是因为这个。在阿拉伯文中，'金字塔'是'方锥体'的意思。而金字塔的形状又特别像汉字中的'金'字，因此人们才称呼这些建筑是'金字塔'。"

　　映真扭过头看着花花，花花会意地在地上写下汉字的"金"字。

　　"嗯，真的很像啊，汉字真的很神奇。"映真笑着抓抓头说，"怪不得那么不容易学。"

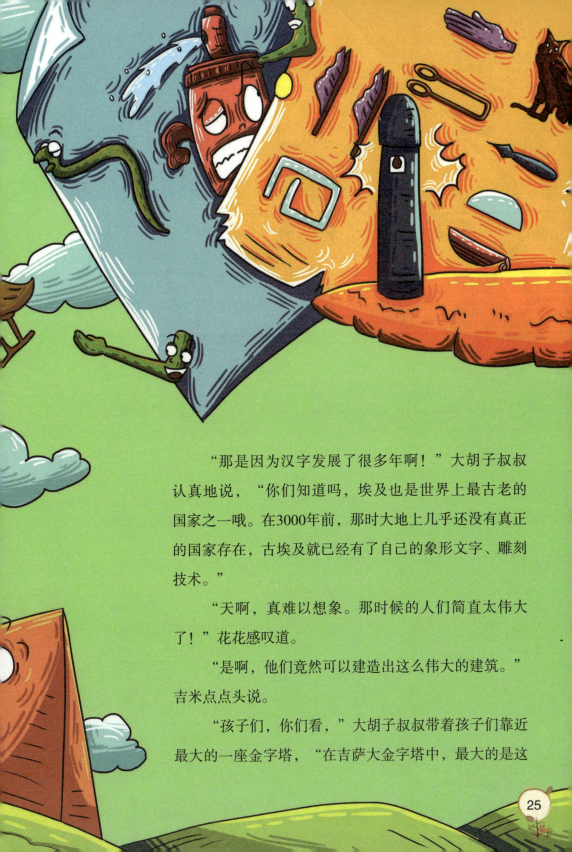

　　"那是因为汉字发展了很多年啊！"大胡子叔叔认真地说，"你们知道吗，埃及也是世界上最古老的国家之一哦。在3000年前，那时大地上几乎还没有真正的国家存在，古埃及就已经有了自己的象形文字、雕刻技术。"

　　"天啊，真难以想象。那时候的人们简直太伟大了！"花花感叹道。

　　"是啊，他们竟然可以建造出这么伟大的建筑。"吉米点点头说。

　　"孩子们，你们看，"大胡子叔叔带着孩子们靠近最大的一座金字塔，"在吉萨大金字塔中，最大的是这

座——胡夫金字塔。"

"胡夫？是一个人吗？"吉米问。

"没错，他是埃及第四王朝第二个国王，胡夫金字塔就是他命令人们建造的。"大胡子叔叔和孩子们完全被金字塔巨大的影子所覆盖了，"这座金字塔是由10万人用了20年的时间才建造完成的，其建造难度不亚于中国的万里长城。"

"天啊！"映真深深吸了一口气说，"每一块用来建造的石头都

那么大，真难想象那时候的人们是怎么样把它们都放在一起的，那时候并没有现在这样的工具啊。"

"就像大胡子叔叔说的，人类总是能想出办法。"吉米耸耸肩一本正经地说。

"哈哈，说得没错，我的孩子，"大胡子叔叔被这小家伙逗得哈哈直笑，"人们总能想到办法，不过他们的这些'办法'到现在为止还是一个谜。"

"连科学家也不知道吗？"花花仰着头问。

"是的，胡夫金字塔——因为它巨大的体积，人们也把它单独称作'大金字塔'。关于它，还有很多的谜一直困扰着人们，"大胡子叔叔掏出随身的笔记本，"就像我曾经读到的，建造大金字塔的石头都来自南方，但是这些来自南方阿斯旺的巨石

是如何运输过来的？人们又是如何把它们抬升到如此高度的？还有，这座金字塔建造时没有使用任何的黏结材料，可是每一块石头都吻合得非常紧密，连一把匕首都插不进去，这又是如何做到的？关于这一类的问题还有很多很多，这就需要科学家们进一步去研究啦。"

"真想进入这里面去看看呢。"吉米皱着眉头仔细盯着几乎没有缝隙的砖石塔身说。

"不可以，"花花哆嗦着说，"我听爸爸说过，就像中国古代很多皇帝的墓一样，金字塔是不可以随便进入的，否则会受到惩罚的。"

"女孩子就是胆小啦。"吉米皱皱鼻子。

"花花说的是真的哦，吉米。"大胡子叔叔捏捏吉米的小鼻子说，"曾经有科学家组成的队伍试图进入这座巨大的陵墓，但是人

们在入口处发现了非常恐怖的文字——'任何人打扰了法老的安宁，死神之翼都将降临到他的头上'。"

"那他们进去了吗？"花花哆嗦着往大胡子叔叔身边靠了靠，吉米和映真也吐吐舌头，看着大胡子叔叔。

"当然，科学家们都是很勇敢的。他们还是顺着通道进去了，"大胡子叔叔说，"但是他们没有任何发现——那里，只有一道又一道的石门，他们无功而返。"

"那金字塔的诅咒呢？"吉米谨慎地问，似乎怕声音大了会打扰到这片土地上沉睡的灵魂。

"很不幸，进入到胡夫金字塔的科学家们，在未来十

年内都相继去世了，几乎全部死于癌症。"大胡子叔叔皱皱眉头说。

"天啊，太可怕了。"花花抓住大胡子叔叔的衣襟说，"我们还要留在这里吗？"

"是很可怕。"吉米终于承认自己也有胆小的时候了。

"我倒是认为，这也是胡夫金字塔的未解之谜，也许等到解开的那一天，就不会这样可怕了。"映真很认真地说。

"说得对，孩子。"大胡子叔叔点点映真的额头，"我也相信这些谜总有一天会被解开的。只要这些金字塔还屹立不倒，人们就会一直努力地研究下去。"

第6章

迷雾重重的太阳船

"大胡子叔叔，这是船吗？"吉米早就注意到了胡夫金字塔周围一圈用透明玻璃建造的奇怪建筑——这些建筑让游人们无法真正地靠近金字塔。

"确实是船的形状呢。"映真盯着这个奇怪的建筑看了好久。

"哈哈，说得对。"大胡子叔叔背着双手看着两个孩子，"这就

是太阳船博物馆。"

"太阳船?"花花还在为大胡子叔叔讲到的"诅咒"感到害怕，所以她的声音低低的。

"坐上这个船，就能到太阳上去吗?"吉米是个充满想象力的小家伙。

"走，我带你们进去看看，然后给你们讲关于太阳船的故事。"大胡子叔叔带着几个小家伙绕到入口。

"这个太阳船博物馆展出的是从胡夫金字塔四周发掘出的太阳船，"大胡子叔叔指着古老的木质展品说，"这艘船长约45米，当年

　　人们一共发现了五个用来掩埋太阳船的土坑，但是有两个是空的，后来人们才又发掘出这些已经被拆散的遗留物。"

　　"怎么会是拆散的呢？"吉米皱皱鼻子，"大胡子叔叔，太阳船真的能把人们带到太阳上去吗？"小男孩还在想着这个问题。

　　"哈哈，人们倒是这样希望的呢，所以才赐予它这个名字。"大胡子叔叔笑着回答，"不过，太阳船实际上是用来运送法老——也就是国王尸体的工具，古代埃及人相信国王死后，会由太阳神带领着回归天堂，因此制造出太阳船是为了让法老在死后追随太阳神——也可以说是人们对国王死后的祝福吧。"

　　"那究竟是什么人拆散这些船的呢？"花花问。

 "是那些负责埋葬法老的后人，在法老被葬入陵寝后，他们会拆散太阳船分别埋在金字塔周围。"

 "大胡子叔叔，我发现……"映真话说了一半停住了，这是小男孩遇到难题时的表现。

 "发现什么问题了呢，我的小科学家？"大胡子叔叔弯下腰搭着映真的肩膀问。

 "这艘船好像全部是木头，没有金属。"映真思考着说，努力把自己的意思表达清楚。

 "这又是人们还不知道的问题吧？大胡子叔叔。"花花也发现了，于是仰着头问。

　　"嗯，我想是的。"大胡子叔叔一边示意三个孩子跟着他走出去，一边说，"在开罗，甚至在整个埃及这个神秘的地方，充满了未知。就像你们刚刚看到的太阳船，科学家发现它是用一种叫作雪松的木材制作的，但是埃及并不存在这种树木，人们是怎样把这些木材从别的地方运到埃及的呢？还有，这艘船没有用一颗钉子——木制的钉子也没有，虽然有些地方可以拼合，但是即使是用现代的技术，有些地方还是需要用钉子固定的，可是太阳船却没有一根钉

子，并且还如此牢固。"

"还有，人们是怎样把死后的法老放进去又完美地取出来的呢？"吉米提出自己的问题。花花表示同意："是啊，船舱里面会很热吧，那样会热坏法老的，人死后太热是会坏掉的。他们不担心这个吗？"

"我也想知道，太阳船是不是还有别的用处呢？"映真问。

"对于我们来说，这些都还是未解之谜呢。"大胡子叔叔蹲下身看着三个认真的小家伙说，"或许有一天，你们可以解开这些谜团，找到答案哦。"

第7章

斯芬克斯之谜

"狮身人面像，看上去好吓人哦。"花花看着静静守护于金字塔前的巨大塑像说。

"是有那么一点，不过很威风。"吉米扬起眉毛。

"作为金字塔的守护者，当然要威风啦。"大胡子叔叔说，"不过这家伙也确实有点吓人，人们都叫它斯芬克斯。"

"斯芬克斯？"花花眨眨眼睛问道。

"是的，那是狮身人面像的另一个名字。"映真回过头说，"'斯芬克斯'在阿拉伯语中是'恐怖之父'的意思。对吧，大胡子叔叔？"

"映真说得没错呢。"大胡子叔叔回答道，"斯芬克斯最早源于古埃及神话传说，虽然长相可怕，却是仁慈和高贵的象征。古代的埃及人非常崇拜狮子，他们认为狮子是力量的化身，而斯芬克斯的人面则是智慧的象征，因此古埃及的法老把狮身人面像放在他们的墓穴外面作为守护神。"

"斯芬克斯守护的那座金字塔是属于谁的呢？"花花问。

　　"那是哈夫拉金字塔，是大金字塔中的一座。"大胡子叔叔介绍道，"哈夫拉是胡夫的儿子，哈夫拉金字塔比胡夫金字塔低3米，但是它的建筑形式更加完美壮观，设施也更加完善。"

　　大胡子叔叔接着说："斯芬克斯像的面孔就是按照哈夫拉的模样雕刻的呢，不过经历了太长的历史，已经风化了不少了。"

　　"这是什么？"吉米指着狮身人面像前面的石碑问，"上面写的是什么呢？"

　　"那是古埃及的文字，孩子。"大胡子叔叔看着石碑说，"那上面记录了古埃及法老图特摩斯四世年轻时曾做过的一个梦，在梦中斯芬克斯告诉他，自己不喜欢被埋葬在沙土中。图特摩斯成为国王后，下令把斯芬克斯周围的沙土清除，然后把他的梦记录在一块石头上，就是我们看到的这块石头。"

"在那之前，斯芬克斯是被埋在沙土中的吗？"花花问。

"天啊，它这么高大，怎么会被沙土掩埋呢？"映真惊讶地说。

"关于被沙土掩埋，这同样是一个未解之谜，孩子。"大胡子叔叔抿抿嘴巴说，"据科学家考察，斯芬克斯的身体还有被水淹没过的痕迹，而它的风化程度又显示它似乎有超过一万年的历史了，所以，就连它属于哈夫拉法老的这个结论也是人们的推论，并没有真正的依据。"

"嗯，这就是传说中的斯芬克斯之谜吗？"吉米想起了自己曾经听到过的故事。

"哈哈，斯芬克斯之谜是存在的，但是可不是指这个哦。"大胡子叔叔拍拍吉米的头，"斯芬克斯之谜是古希腊的传说，希腊神话中

的斯芬克斯与古埃及的仁慈之神不同，那是一个凶恶却充满智慧的雌性怪物，她坐在悬崖上，向路过的人们提出问题，回答不出的就要被她吃掉。"

"啊，好可怕，那是什么样的问题呢？"花花咬着嘴唇问。

"那个斯芬克斯充满了智慧，她提出的每个问题都是不同的，"大胡子叔叔挤挤眼睛，"最著名的问题是：能发出一种声音，早晨用四条腿走路，中午用两条腿走路，晚上却用三条腿走路，这是什么？"

"有……这样的……怪物吗？"吉米拧着眉毛问。

　　“这个我曾经在书上读到过呢，”映真笑呵呵地说，“答案是‘人’，对吧，大胡子叔叔？”

　　“哈哈，映真说对了。”大胡子叔叔笑着回答，“答案就是‘人’——谜语中的早上、中午、晚上分别指的是人类的幼年、中年、晚年。小婴儿们刚刚出生不会走路，是爬行的——因此是四条腿走路，而长大后我们用两条腿走路；到了老年的时候，我们使用拐杖——这就是三条腿走路啦。”

　　“啊……这样啊，”吉米摇晃着脑袋，“真难想出来呢，这家伙还真是会为难人。”

　　“是啊，因此现在人们说‘斯芬克斯之谜’的时候，指的就是神秘、复杂、难以理解的问题。"大胡子叔叔捻捻胡须说。

"嗯，那么斯芬克斯像身上的那么多未解之谜，也可以说就是新的斯芬克斯之谜啦。"花花眨眨大眼睛说。

"没错。不过就像神话传说中有人回答出了怪物的问题一样，这些谜团总会有一天被回答出来的！"

"或许我可以做到呢。"吉米仍然自信满满的。花花和映真笑眯眯地看着他："或许我们都可以呢。"

在他们身后，是静静凝视远方的斯芬克斯像，眼神中似乎充满了希望与期待。

第 **8** 章

千塔之冠

"我看出来了，是莲花！"吉米把头探出车窗，兴奋地说。

出发前，大胡子叔叔特意给孩子们提出了一个问题——他们今天的目的地开罗塔，看上去像什么呢？

"小淘气，你小心点儿！"大胡子叔叔慌忙把小家伙拉回来坐好，"你答对啦，有'千塔之冠'之称的开罗塔正是一朵莲花的样子呢。"

"千塔之冠？是因为它很高吗？"花花和吉米换了一个座位，然后问。

"我们之前说过，在开罗有上千座塔，而开罗塔是其中最高的。钢筋混凝土结构的开罗塔高180多米，相当于60层高楼，因此它被称作开罗的'千塔之冠'。"大胡子叔叔倚在车窗上看着越来越近的开罗塔说。

　　"那为什么要把它建成莲花的样子呢？"映真问。

　　"我这些天在开罗看到了很多莲花呢。"吉米端端正正地坐着，一本正经地说。

　　大胡子叔叔被他逗得笑了出来，大胡子一颤一颤的："莲花是埃及的国花，埃及人对莲花情有独钟。你们知道吗，莲花是世界上最早的植物之一，甚至有上亿年的历史，比金字塔还要古老。这些美丽的植物有着飘逸的清香，一直是高雅和圣洁的象征。埃及人把它作为

馈赠亲友的礼品，还举办莲花节，赏莲花、买莲花、交流对莲花的感受，吟诵有关莲花的诗歌。青年男女还通过莲花来择偶，将莲花作为爱情的信物。因此，人们在建筑重要的建筑物或房屋时，通常会选择莲花作为装饰，甚至干脆建成莲花的形状。"

"我也喜欢莲花，特别是白色的。"花花认真地说。

"大胡子叔叔也是呢，"大胡子叔叔说，"在埃及，人们把白莲花称作是'埃及的百合花'哦。"

"开罗塔也是古代的建筑吗？"吉米问。

"不是。"大胡子叔叔摇晃着手指说，"开罗虽然是以古老神秘著称的，但是它是现代化城市，拥有近代或现代的建筑哦。"看着吉米点点头，大胡子叔叔继续说，"开罗塔是由已故的埃及总统纳赛尔奠基，于1961年4月1日建成并对外开放的，在塔入口处上方镶有一只高约8米、宽约5米的铜鹰——这是埃及共和国的标志。"

"真是威风的标志呢。"吉米点点头说。

"好了，我们到了，孩子们！"大胡子叔叔招呼着孩子们下车。

"天啊，好高的塔！"孩子蹦蹦跳跳地下了车，瞬间就被威风矗立的开罗塔震撼了。

"是啊，好高！"大胡子叔叔挤挤眼睛学着孩子们的口气说，"要知道，这可是开罗的地标建筑呢。一直以来，开罗人都以这座塔为豪，这里早已经成为许多电影、纪录片的外景地呢。比如埃及前总统纳赛尔，这里是他最喜欢的外出就餐地点，他常和家人一起到开罗塔餐厅就餐。还有许多外国领导人或其他重要人物到过开罗塔哦。"

"我们也可以进去吗？"花花开心地说。

"当然啦，我们走吧。"

跟随大胡子叔叔从塔的入口走进去，展现在孩子们面前的是一个圆形的大厅，周围的墙壁上是有着浓郁埃及风格的壁画——有的是农民在吹奏阿拉伯民间乐器，有的是表现农村丰收景象和农民欢庆丰收的场面。

"这些画看上去也很神秘呢。"吉米说。

"是啊，这些壁画是为了向游人展示埃及农民丰富快乐的生活呢。"大胡子叔叔说，

“走吧，孩子们。”

“我们要去哪里呢？塔里有吃午餐的地方吗？”吉米拍拍咕咕叫的肚子问。映真和花花在一旁偷偷地笑了。

“当然会有啦。我之前说过哦，”大胡子叔叔一边招呼着孩子们跟他走进电梯，一边说，“在塔的第14层有可容纳80人的旋转餐厅，客人们坐在固定在地面上的椅子上，餐厅每半小时转一周，客人们可以一边品尝埃及风味的美食或西方大餐，一边隔窗眺望整个开罗的美丽风景，埃及政府经常在那里举行宴会，招待外国贵宾。”

“最上面还有观景台，对吧？”一边跟着大胡子叔叔走出电梯，映真一边问。

“是的，孩子。”一行人找到座位坐下，大胡子叔叔接过服务员手里的菜单说，“观景台在塔顶，那里装有望远镜，供游人仔细观赏远景。在塔顶俯瞰甚至可以清楚地看到金字塔。”

“太奇妙了，真想赶快去看看呢。”花花兴奋地说。

　　"最奇妙的是夜晚时的开罗塔，聚光灯照在塔上，发出绚
丽夺目的光辉，塔身像擎天巨柱，塔尖似划破星空——那情景
简直就是神话呢。"年轻的服务员微笑着说。

　　"啊，我等不及了！"吉米说。

　　"是美食还是美景？"大胡子叔叔逗他说。大家都笑了。

第9章

文明的缔造者

"啊——尼罗河，你好！"站在岸边，花花把手放在嘴边对着壮美的尼罗河大声打着招呼。

"大胡子叔叔，尼罗河好美，有一种很……嗯……"花花皱皱眉，不知道该用什么词来形容。

"孩子，你是想说，尼罗河美得神圣，对吗？"大胡子叔叔问。

"嗯，总之就是感觉很伟大的样子，它很安静，却又那么震撼。"花花点点头说。

"我和映真也这样觉得。"吉米认真地说。

"我想，看到过尼罗河的人，都会有这样的感觉吧。"大胡子叔叔对着尼罗河不停地按下快门，想要留住这美丽的景色，"尼罗河纵贯非洲大陆东北部，流经7个国家，跨越世界上最大的沙漠——撒哈拉沙漠，最后注入地中海，全长6000多千米。"

"天啊，就是说，开罗的尼罗河只是整条尼罗河的一部分了？"映真瞪大眼睛问。

"没错，尼罗河是全世界最长的河流。"大胡子叔叔感叹着说道，"埃及96%的国土面积都是沙漠，尼罗河灌溉着埃及的土地。没有尼罗河，埃及一定会失去生机。"

"太伟大了。"映真很激动。

"叔叔，岸边种的是什么植物呢？好多农田啊。"花花问。

"种的是麦子和棉花，除此之外还有柑橘林

和香蕉林，还有甘蔗田和玉米地……"大
胡子叔叔细数着，"最出名的是埃及的长绒棉，那
些棉花洁白光亮，被埃及人称作'白金'，占世界长绒棉
总产量的三分之一呢。"

"尼罗河对于埃及人来说，是不是就像黄河对于中国那么
重要呢？"花花突然想到了中国的母亲河，于是仰着头问。

"完全正确，孩子。"大胡子叔叔认真地点点头，"在埃
及流传着'埃及就是尼罗河，尼罗河就是埃及的母亲'等谚
语。尼罗河确实是埃及人民生命的源泉，它为沿岸人民带来了

大量的财富，滋养了古埃及文明。我曾经在一篇文章中读到'埃及是尼罗河的赠礼'这样的话，所以说，如果没有尼罗河，那么埃及盛大的文明即使出现也只会是昙花一现。有了尼罗河的灌溉，才会有几千年不败的文明。"

　　这时，终于轮到他们登上游览船了，孩子们开心地跟着大胡子叔叔上了船。"泛舟尼罗河可是每位来到开罗的游客都想要体验的呢！"大胡子叔叔给孩子们拍了张合影。突然，岸边出现了一群悠闲自在的家伙，吉米兴奋地指着它们叫道："看，那些大家伙！"

　　"那是野生的水牛。"大胡子叔叔不失时机地抓拍牛儿们甩着尾巴饮水的样子，"尼罗河不仅滋养了大量的农作物，也为很多动物提供了生存的环境，水牛就是其中之一。"

　　"大胡子叔叔，尼罗河灌溉了农田，也让人们有了水喝，可是这和真正的文明还差很多啊。"映真深深吸了一口潮湿的空气，认真地问。

　　"我认为，有吃的了大家的生活就很快乐，然后才有力气去创造文明。"吉米俯下身想去摸一摸清凉的河水，立刻被花花拉了回来。

　　"这是原因之一，尼罗河为大家提供了生活保障，但不是全部哦。除此之外，尼罗河还赐予当地人们无与伦比的艺术想象力。就像古埃及很多艺术品都具有阳刚之气又不乏阴柔之美，这些都是受到尼罗河的影响呢。"大胡子叔叔解释说。

　　"看，那些绿色的植物是什么呢？"花花指着岸边看起来很陌生的植物说。

"是芦苇吗？"映真问。

"那是纸草，朋友们。"负责开船的导游说，"纸草是一种形状似芦苇的植物，盛产于尼罗河三角洲，把它们加工干燥后，用浮石擦亮，就制作成了莎草纸——这些纸不适宜折叠，不能做成书本，因此须将许多纸草片粘成长条，并于写字后卷成一卷，就成了卷轴。现在用莎草纸制作的画可是开罗的一大特色呢，完全可以作为礼物送给家人哦。"

"真的吗？"花花开心地问。

"当然咯，在开罗有很多的莎草纸画专卖店。"导游说。

大胡子叔叔刮了刮花花的鼻子说："大胡子叔叔答应你们一定带

你们去观赏一番。"

　　花花笑眯眯地点点头。这时，吉米很认真地说："原来尼罗河还给人们提供了制作艺术品的材料，所以埃及的文明才那样发达。"

　　大家被他认真的样子逗得哈哈直笑，大胡子叔叔边笑边说："你们知道吗？在埃及曾经出土过一艘4700多年前的古船，船身长近50米，出土时船上的设备还保存得非常完好，可见当时航海技术是多么发达呢。"

　　"这也是尼罗河的功劳吧，大家都想坐船去远方看看。"映真说。

　　"没错，不止这种大船，考察队还曾经发掘出轻型的芦苇船呢。"大胡子叔叔说，"别小看这种芦苇船，现代科学家根据发掘出的古船复制的芦苇船已经证明，它可以横渡大西洋！"

"天啊，那样的话，有了这种船，开罗人可以去很多地方啦！"花花眨着大大的眼睛问。

"是啊，所以尼罗河不仅缔造了埃及文明，还是埃及文明的重要'传播者'呢。"

"尼罗河——你真——伟大！"孩子们站在船头，喊声传得很远，很远。

第10章

不可思议的沙漠岩画

一眼望不到尽头的沙漠中，大家虽然撑着大大的遮阳伞，但是仍然抵挡不住炙热的阳光。

"真难以相信，这里和尼罗河那样美丽的地方竟然同时属于一个国家！"映真手放在裤兜里，眯着眼睛看着远方。

"是啊，开罗真奇妙，一半是水，一半是沙子，这个沙漠有多大呢？都看不到边。"吉米轻轻踢翻一块石头，一只长尾巴的蜥蜴"嗖"地一声跑远了，吓得花花"啊"地叫了一声。

　　大胡子叔叔把花花拉到身边说："撒哈拉沙漠是世界上最大的沙漠。阿拉伯语'撒哈拉'意即'大荒漠'。它起于大西洋海岸，一直蔓延到红海之滨。几乎横贯整个非洲大陆北部，面积有900多万平方千米。"

　　"天啊，竟然和中国差不多大。"花花瞪大眼睛说。

　　"就是说这个沙漠可以把整个美国装进去啦！"吉米也惊讶极了。

　　"没错，撒哈拉可以看作是另一种形式的海洋——沙漠之海。"大胡子叔叔招呼着孩子们回到越野车上，"走，我们到车上去，在阳光下待太久可不好呢。"

天然气

天然气

油

"撒哈拉沙漠里有宝藏吗？"花花问。

大胡子叔叔戴上墨镜一边发动汽车一边说："撒哈拉看上去就是一大片的荒漠，但是你们知道吗，自从20世纪50年代以来，人们在这里已经陆续发现了石油、天然气等丰富的矿产资源。随着这些'宝物'的大规模开采，使得该地区一些国家的经济面貌得到了极大的改善，就像利比亚、阿尔及利亚，它们已经成为世界主要石油生产国，而尼日尔已经成为了著名产铀国。沙漠中也因此出现了公路、航空线和新的居民点。可以说撒哈拉沙漠是促进埃及这样的国家进一步发展的有利因素呢。如今，这里对人们来说早已经不是不毛之地，而是充满宝藏的聚宝盆。"

"看上去这样荒凉，想不到这里竟然有这么多宝物。"花花看着窗外说。

"这里有人居住吗？他们怎么在这种环境中生存啊？"吉米皱皱鼻子说。

"很难想象吧？不过确实有人类居住在这里。"大胡子叔叔缓缓地驾驶着汽车，好让孩子们慢慢领略荒漠的景象，"科学家们已经证实，早在50万年前，就已经有人类生活在撒哈拉的边缘。现在还有大约200多万人生活在撒哈拉范围内，主要以游牧民和从事矿产开发的人为主。"

"50万年前？科学家是怎样知道的呢？"映真还是那样喜欢刨根问底。

　　"我现在就带你们去看看那些'证据'吧！"大胡子叔叔大声宣布。

　　"真的吗？是什么样的证据？在这片沙漠里面吗？"花花问出一连串的问题。

　　"当然是真的，是很伟大的证据，就在这片沙漠里面。"大胡子叔叔晃着脑袋学着花花清脆、尖细的声音说。三个小家伙咯咯直笑。

　　车开了一段时间，就在孩子们看着外面一片荒芜发呆时，大胡子叔叔突然宣布："孩子们，我们到了！"

　　"天啊，那些是什么！"随着孩子们的感叹声，大胡子叔叔把车开进了一片岩石群。

　　被风侵蚀得奇形怪状的巨大岩石，如刀削斧砍一般的岩壁，上面描绘了形态各异的动物、奇形怪状的图案、身着古代

服饰从事各种事务的人类，色彩缤纷，内容丰富。众多的岩石不断从车窗外闪过，一幅幅震撼人心的岩画让孩子们已经找不到任何的语言来表达此刻内心的感受。

"天啊，快看那些石头上的画，太神奇了！这究竟是怎么回事，大胡子叔叔你快给我们讲讲……"吉米惊讶起来的表现和另外两个孩子完全不同，逗得大胡子叔叔哭笑不得。

"很震撼，对吧？现在我们已经在开罗的边缘了，这些壁画就是我刚刚说的'证据'，"大胡子叔叔整理一下思路说，"虽然很难想象，在这极端干旱缺水、土地龟裂、植物稀少的沙漠中，竟然曾经有过这么繁荣昌盛的远古文明。但它确确实实存在过，也在千年的风化中保存了下来。"

"人们是怎样发现这些神奇的画的呢？"映真问。

"这里最早是在1850年由一名德国探险家发现的，之后人们又陆陆续续发现了大量的岩画，这片岩画群，是整个撒哈拉地区最大的。"大胡子叔叔回答道。

"让我看看都画了什么。"待大胡子叔叔停下车，吉米迫不及待地推开车门蹦了下去，映真和花花也紧跟其后。

"这是鸵鸟，还有水牛！这是人，人在划船。"吉米念叨着。

"船？大胡子叔叔，这些描绘的都是曾经的撒哈拉吗？怎么会有船呢？"映真一直是个很认真的孩子。

"很遗憾，我的孩子，这同样是个谜。"大胡子叔叔如实回答，

"这些岩画描绘了远古时代生活在撒哈拉的人们的生活，科学家们也只能推测，在那个时候撒哈拉还是有大量水源存在的，至于之后发生了什么，我们还不是很清楚。"

　　"这些奇怪的符号是什么呢？还有，这些人在干什么呢？"花花仔细盯着巨大岩石上描绘的图案问。

　　"天啊！看，这像不像宇航员？"吉米指着壁画上戴着头盔、身着怪异服饰的人物说。

　　"真的很像啊。"花花和映真凑过去看，异口同声地说。

　　"你们真是难住我了。"大胡子叔叔拍拍额头，"到目前为止，人类还没有能力知道古代人究竟想通过岩画表达什么，就像这

个'宇航员'，很多人认为那是古代的人们对于外太空来客的描绘，而巧合的是，在日本发现的一些陶器上也有相同的描绘，或许曾经真的有太空来客呢。"

"嗯，又是未解之谜，开罗的谜还真多呢。"吉米皱皱鼻子说，"我越来越喜欢这里了。"

大胡子叔叔微笑着点点头，仰头望着远古神秘的岩画，想着有一天这几个孩子解开这些谜团时的样子。

第11章
阿斯旺水坝的奇迹

"大胡子叔叔，我们不是去过尼罗河了吗？"花花问。

"没错，不过我们今天要去参观的，是位于尼罗河上的'卫士'——阿斯旺水坝！"大胡子叔叔回答说，"那是充满人类智慧的地方，你们一定会喜欢的。"

"阿斯旺水坝？是什么样的地方呢？"吉米问。

"100多米"

"阿斯旺水坝是世界上著名的大水坝，位于埃及开罗以南900千米的尼罗河畔，始建于1960年，历时10年完工，是世界七大水坝之一。"大胡子叔叔继续说，"如果说金字塔是古代埃及的奇迹，那么阿斯旺水坝就算得上是现代埃及的奇迹。"

"为什么这么说呢？只是因为它很大吗？"花花眨眨眼睛问。

"阿斯旺水坝确实很大，它高100多米，主体长3000多米，使用建筑材料4000多万立方米，比起建造大金字塔使用的材料要多上17倍。"大胡子叔叔回答花花，"但是说它是现代科技的奇迹，可不只因为它的体积哦。先问你们几个问题，你们知道水坝都有什么作用吗？"

"可以用水来发电。"吉米回答道。

"还可以把多余的水储存起来。"映真想了想回答说。

花花思考了一下，摇摇头说："除了他俩说的，我不知道其他了。"

"你们说的这些都是水坝的主要作用呢。"大胡子叔叔赞许地对孩子们点点头，"人们建造水坝的第一个目的就是为了调节水量，防止水灾、旱灾，而其他的作用都没有这个重要。"

"阿斯旺水坝也是吗？"花花问。

"是的，"大胡子叔叔点点头，"在阿斯旺水坝建成之前，尼罗河每到雨季都会涨水，一旦遇到雨水多的年份，就会泛滥成灾，给人们造成很大的危害。"

"阿斯旺水坝可以防止灾难的发生？"吉米问。

"没错，阿斯旺水坝建成以后，在它的南面形成了一个群山环抱的人工湖——著名的阿斯旺水库。水库横跨埃及和苏丹两个国家，是世界第二大人工湖。"大胡子叔叔捋捋胡须说，"这个伟大的人工湖可以储存尼罗河全年因降雨而增加的水量，不仅可以防止洪水，更可以在雨水短缺的时候为农业灌溉提供充足的储存水，因此在全非洲几次大的洪涝灾害时，埃及基本都可以保证充足的粮食供应呢。"

"科技真是奇妙的东西啊。"映真思索着说。

"孩子们，那就是阿斯旺水坝！"顺着大胡子叔叔手指的方向望去，阿斯旺水坝就像铺在大湖上面的一条宽广的公路。大坝两侧是威风凛凛的水力发电设施。

"尼罗河似乎被阿斯旺水坝截断了呢！"吉米看着水坝两侧平静的水面说。

"看那边，"大胡子叔叔指着水坝南边说，"那就是世界第二大人工湖，在埃及境内的水域被人们称作是纳赛尔湖。"

"那边莲花形状的是什么呢？"善于发现的吉米指着一个方向问。

"那是大坝建成时人们立在那里的纪念碑，为了纪念这伟大的工程的竣工。"

"阿斯旺水坝有这么多的作用，人们都很感谢它吧？"花花问。

"是的，人们当然会很感谢它，但是呢，"大胡子叔叔摸摸小姑娘的头略带遗憾地说，"阿斯旺水坝在带给人们奇迹的同时，也造成了一些不好的影响。"

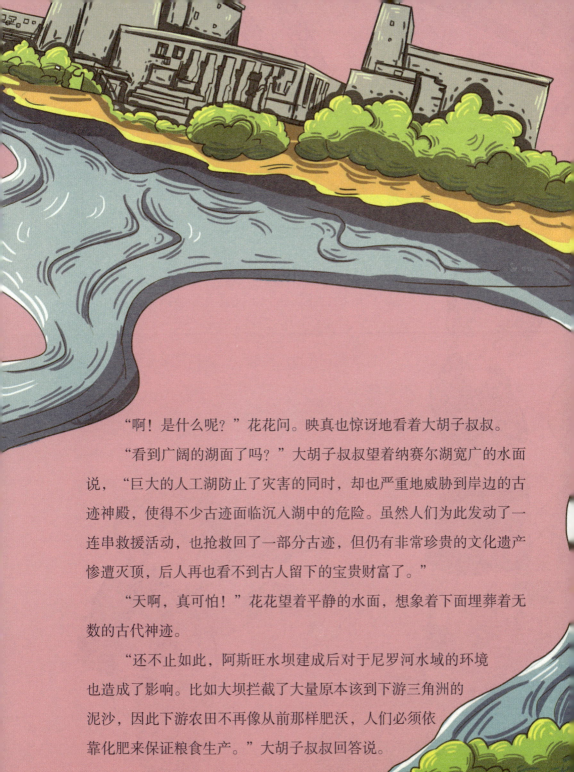

"啊！是什么呢？"花花问。映真也惊讶地看着大胡子叔叔。

"看到广阔的湖面了吗？"大胡子叔叔望着纳赛尔湖宽广的水面说，"巨大的人工湖防止了灾害的同时，却也严重地威胁到岸边的古迹神殿，使得不少古迹面临沉入湖中的危险。虽然人们为此发动了一连串救援活动，也抢救回了一部分古迹，但仍有非常珍贵的文化遗产惨遭灭顶，后人再也看不到古人留下的宝贵财富了。"

"天啊，真可怕！"花花望着平静的水面，想象着下面埋葬着无数的古代神迹。

"还不止如此，阿斯旺水坝建成后对于尼罗河水域的环境也造成了影响。比如大坝拦截了大量原本该到下游三角洲的泥沙，因此下游农田不再像从前那样肥沃，人们必须依靠化肥来保证粮食生产。"大胡子叔叔回答说。

"这可真遗憾。"吉米摊开双手说。

"可是，我认为呢，问题总是会被人们解决的！"映真认真地说。

吉米和花花也点点头："人类总是充满智慧的！"

第 12 章

穿越时间的法老村

坐在游船上，映入眼帘的是两岸花草丛中各种古埃及时代的神像。

"这些神像也是远古时代留下来的吗？"花花扭头看着大胡子叔叔。

"不是。"大胡子叔叔说，"这些神像都属于我们即将登上的那个小岛——法老村。它们都是现代人仿照古代的神像制作的，法老村

也是按照古代的村落建成的。"

"是现代人建的吗？看上去很古老啊！"吉米揉揉鼻子说。

"没错，在开发之前，这里曾是一个荒凉的小岛。直到1968年，埃及著名历史学家哈桑·拉加布博士在去开罗南部种植纸莎草途中，发现这座小岛四面环水，与外界完全隔绝，并且环境优美，于是他就产生了重现古埃及法老时代人们生活情境的想法，这个想法得到了政府的大力支持，于是就有了法老村。这里在1977年就开始正式对外开放了。"大胡子叔叔一边招呼孩子们下船，一边说。

"看，那些是这里的村民吗？他们穿的是古代的衣服吗？"花花首先看到的是身着古代服饰欢迎游人登岛的人们。

"这是这里的特色之一，"大胡子叔叔带着三个孩子向前走，

　　"这里的房屋、建筑全部按照古埃及时代的村庄设计，而这岛上400多名'村民'也是按照古埃及人的方式生活，使用古代的生产工具进行工作，完全重现了法老时代埃及人的生活呢。"

　　"哦，看那座神像！好奇怪。"吉米指着岛周围的一座高大的青蓝色神像说。神像手捧着两个陶制水壶，好像在迎接远方的客人。

　　"这就是著名的尼罗河神像。"大胡子叔叔一边用摄像机记录这些奇妙的景象一边回答说，"他手中的水壶代表他为埃及儿女带来了清澈的泉水。"

　　"那些是人类的雕像吧？"花花指着另一边的雕像问。

　　"是的，孩子。"大胡子叔叔示意孩子们向前走，"那些是展现古埃及人农耕生活的雕像。"

一路向前，孩子们一边听大胡子叔叔介绍路边的各种神像："这是天空女神努德，这是大地之神盖布，这是守护之神泊斯，他虽然丑陋却心地善良……"

"那是什么？是寺庙吗？"花花指着一座华丽的建筑问。

"差不多，那是完全按照古代样式建筑的法老神庙。"大胡子叔叔把镜头对准神庙说："神庙是埃及人建造给神居住的地方，每座神庙都有外神庙和内神庙两部分，外神庙可以让人们出入，而内神庙只有得到法老允许才可以进入。"

"那些是羊的塑像吗？"吉米盯着神庙走廊入口两旁的塑像问。

"那是狮身羊首的塑像——传说中斯芬克斯的另一种模样。"大胡子叔叔歪着头回答。

走过神殿，大胡子叔叔一行人进入了法老村深处。

"好漂亮的房屋。"花花看着有着乳白色墙壁、用木头搭建的屋顶的房屋说。

"那就是埃及古代农舍的重现，"大胡子叔叔认真记录下每一个镜头，"那时农舍的房顶都是用椰枣树搭建的，不只这些农舍，就连这座岛上的树木都是很珍贵的古老树木呢。"

"感觉像回到了过去啊。"花花低声说，似乎是怕打扰了这里安宁的气氛，"法老村真的带我们'穿越'时间了呢。"

第13章 震撼人心的埃及博物馆

"孩子们，请问我们每到一个地方必须要拜访的是哪里呢？"出发前，大胡子叔叔大声问。

"我知道，是博物馆！"吉米跳着说，花花和映真附和着点头。

"答对了！"大胡子叔叔打了个响指说，"今天，我们的目的地是埃及博物馆，出发啦！"

　　当孩子们站在博物馆
前面时，他们似乎不太相
信自己的眼睛——在他们印象
中，国家博物馆应该雄伟壮丽，而这个博物馆居然如此简陋，规模也
不大，样子很一般，在白色拱形大门上方和两侧的神龛中各有一个法
老形象的浮雕，分别持着不同的花卉。

　　"大胡子叔叔，这真的是我们要去的博物馆吗？"花花试探着问。

　　"没错孩子，"大胡子叔叔似乎猜到了孩子们的想法，很肯定地
说，"不要被它的外表迷惑哦，这可是非常伟大的地方呢。走，我们
进去。"

　　进入博物馆，展品被摆放在简单的木制展柜中。展品的数量以
及散发出来的浓郁的历史气息都让人震撼无比，就好像把埃及几千

年的文化都浓缩在这一个个看似普通的展柜中。

"这是世界上最著名、规模最大的古埃及文物博物馆。这里收藏了从5000年前法老时代到6世纪期间超过25万件的艺术珍品，"大胡子叔叔压低声音说道，"比如罗马时期的雕像、绘画、金银器皿、珠宝、工艺品、棺木、石碑、纸草文书等等，这里已经成为每位游客都必须要来的地方了呢。"

"这么多的珍贵文物，人们是怎样收集到的呢？"花花轻声问。

"这要感谢一位法国友人呢，"大胡子叔

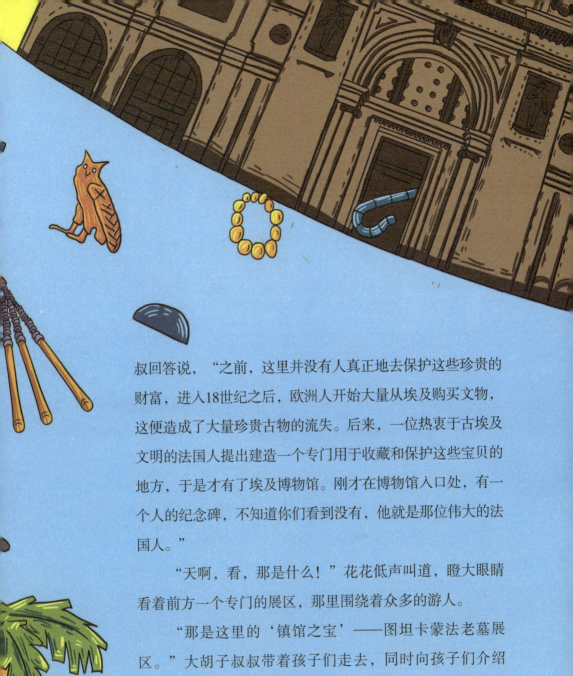

叔回答说，"之前，这里并没有人真正地去保护这些珍贵的财富，进入18世纪之后，欧洲人开始大量从埃及购买文物，这便造成了大量珍贵古物的流失。后来，一位热衷于古埃及文明的法国人提出建造一个专门用于收藏和保护这些宝贝的地方，于是才有了埃及博物馆。刚才在博物馆入口处，有一个人的纪念碑，不知道你们看到没有，他就是那位伟大的法国人。"

"天啊，看，那是什么！"花花低声叫道，瞪大眼睛看着前方一个专门的展区，那里围绕着众多的游人。

"那是这里的'镇馆之宝'——图坦卡蒙法老墓展区。"大胡子叔叔带着孩子们走去，同时向孩子们介绍道："图坦卡蒙是古埃及新国王时期的第十八代法老，他9岁登基，在18岁那年不幸病逝。"

"真可惜。"花花感叹道，"这些都是属于他的陪葬品吗？"

　　"竟然这么多！"映真也发出了不可思议的感叹。

　　"是啊，人们在他的墓葬中发现了大约1700件陪葬品。这些陪葬品震惊了世界！"大胡子叔叔的讲述很吸引人，很多游人也注意听着，"在1922年11月4日，考古学家在埃及的帝王谷发现了一个从未打开过的墓穴大门，这就是图坦卡蒙法老墓。人们原本以为这个年轻的小皇帝不会有什么豪华的陪葬，但当第一道门打开的时候，仅前厅那些为法老装备的床、椅子、兵器、花瓶、篮子、柜子，就足以震撼人心，这里甚至为他准备了玩具！"

　　"大胡子叔叔，那是……折叠床？"吉米夸张地伸了伸脖子问，"那也是展品？"

"孩子们，很难相信吧！"大胡子叔叔同样夸张地点点头，"这个折叠床同样是考古界的一个谜团——它和现代的折叠床几乎没有区别，竟然还拥有金属的合页，要知道，那种技术在古代几乎是不可能达到的！"

　　孩子们一边听着大胡子叔叔讲述，一边看着这些充满神秘色彩的展品——法老的华丽面具、历经千年却仍旧具有光泽的丝绸、象征权势的金坐椅，以及权杖、家具甚至小巧的装饰品……

　　"天啊，图坦卡蒙也和这个国家一样，好神秘！"孩子们感叹着。

　　大胡子叔叔点点头说："是啊，可是，这正是埃及的魅力所在，不是吗？"

第 **14** 章

失落的古城

又一次，孩子们跟随大胡子叔叔踏上了旅途。

"孩子们，今天我们要去参观'遗失在历史中的古城'。"大胡子叔叔挤挤眼睛，言语中带了几丝故弄玄虚。

"听上去又是一个古老而神秘的地方。"吉米故作严肃地点点头。

"走吧，我们到车上再说。"

大胡子叔叔开着车行驶在路上，孩子们一边期待着那传说中的古城，一边听着大胡子叔叔讲述它的历史。

"我们今天要去的是卢克索，古时是埃及伟大的都城——底比斯，"大胡子叔叔一边熟练地驾驶着汽车一边说，"距今已经有4000年的历史了。"

"就是说那里曾经是埃及的首都啦？"花花坐在大胡子叔叔旁边看着窗外的风景问。

"是的，底比斯建成于公元前2040年，那时由于古埃及的强盛，都城底比斯自然也成了当时最受瞩目的城市。"大胡子叔叔解释道，"那时的底比斯——也就是现在的卢克索，人口稠密、经济繁荣、农

业发达，是当时世界上最大的城市。当时的统治者在那里修建了无数宫殿，还有上百座威武的城门，因此古城底比斯被当时的人们称作是'百门之都'。"

"底比斯有多大呢？"花花想象着这座几千年前"世界上最大的城市"究竟是个什么样子。

"难以形容。"大胡子叔叔晃了晃脑袋说，"底比斯城横跨尼罗河两岸，东岸被人们称作是'太阳升起的地方'，也叫作'活人城'，那里宫殿林立，是当时底比斯最繁华的地方；而西岸是太阳落下的地方，那里是帝王和皇家贵族的埋葬地，被称作'死人谷'，那里有无数祭奠亡灵的神庙。"

“死人谷？听上去有点可怕呢。”花花抱着肩打了个哆嗦。

“实际上那可是非常有历史价值的地方呢。”大胡子叔叔微笑着看了看小姑娘，“那是王家陵墓的所在地，我们之前在埃及博物馆看到的图坦卡蒙陵墓就是在那里被发现的。”

“死人谷里也有金字塔吗？”吉米问。

“在底比斯时期，法老们已经不修建金字塔了，”大胡子叔叔从镜子中对小男孩眨了眨眼睛，“法老们发现曾经的金字塔总是被盗墓贼偷盗——即使有法老的诅咒也不行。因此，在那个年代，法老们开始在底比斯西岸的山谷里修建地下陵墓，那里被人们称作‘帝王

谷'，在那附近还有埋葬着王后的'王后谷'。"

"现在的底比斯，也就是卢克索，还是那样繁华吗？"映真问。

"很遗憾，现在那里只剩下遗址了。"大胡子叔叔耸耸肩说，"底比斯在埃及的历史上占据着重要的地位，它兴盛了整整2000年，后来，由于统治者之间的矛盾、侵略者的破坏以及自然灾害，底比斯在公元前88年被彻底毁灭了。"

"天啊，太可惜了。"花花挠了挠额头说。

"我们现在还能看到什么呢？"吉米问。

"虽然底比斯被毁灭了，可是它毕竟曾经是世界上最大的城市，"大胡子叔叔说，"现如今，即使残留的那么一点遗迹，也是我

　　们受用不尽的财富呢。"

　　孩子们点点头，大胡子叔叔加快了车速，路边已经看到了关于卢克索的路标。

　　"我们到了！"大胡子叔叔招呼着，迅速找地方稳稳地停下车。

　　首先映入眼帘的是矗立于荒野之中的两尊巨大的雕像，虽然有明显的风化痕迹，但是仍旧掩盖不住神像威严庄重的气势。

　　"好大的神像！"吉米仰着头看着两座神像说。

　　"这就是著名的门农神像，门农是传说中刀枪不入的战神。"大胡子叔叔介绍道，"这两座雕像高20米，每一座都是用一整块石头雕刻而成的。"

　　"人们为什么要在这里放这两座雕像呢？"吉米皱皱鼻子问。

　　"这又是一个神秘的问题。"大胡子叔叔歪歪头摊开双手说，"科学家们只能推测，这里原本是一座巨大的神庙，但是在历史的长河中被彻底毁灭，如今只剩下这两座神像。"

　　"真是可惜。他们已经快看不出样子了呢。"映真看着风化严重的神像说，"但是仍然有神秘的气息存在。"

　　"和底比斯一样呢，虽然已经毁灭了，但是我们仍然能感觉到它。"花花闭上眼睛仰起头，似乎在倾听什么。

　　大家都学着花花的样子仰起头，张开双臂，感受着这座失落的古城中的神秘气息。

第15章

当代的金字塔

"吉米，还记得你在中国的天安门广场看到的最让你感动的建筑是什么吗？"大胡子叔叔问。

"当然记得，人民英雄纪念碑！那是属于英雄的建筑！"小男孩的英雄情结还是很深的。

　　"大胡子叔叔，这和我们今天要去的地方有关吗？"花花机灵地问。

　　"哈哈，当然了！在开罗也有一座著名的英雄纪念碑哦。"大胡子叔叔挤挤眼睛说，"它就在开罗的纳赛尔城区。好了，我们出发吧！"

　　"大胡子叔叔，开罗的英雄纪念碑也叫人民英雄纪念碑吗？"路上，花花问。

　　"不是，它叫作'无名英雄纪念碑'。"大胡子叔叔回答道，"那是为了纪念在1973年中东战争中牺牲的英雄们而建立的。在那次

战争中，很多军人献出了自己的生命，他们甚至没有留下自己的名字，所以这座纪念碑就叫作'无名英雄纪念碑'。"

"中国的纪念碑纪念的那些英雄也有很多没有留下名字呢。"吉米对中国之行印象很深。

"没错，那些在战争中牺牲的无名英雄是值得我们永远记住的。"大胡子叔叔一边找地方停车一边说，"但是，开罗的这座纪念碑还祭奠了一位在埃及历史上留下名字的伟大人物，那座纪念碑同时是他的陵墓。"

"啊！他是谁呢？大英雄吗？"吉米瞪大眼睛问。

"是埃及的前总统萨达特，"大胡子叔叔带着孩子们走出停车场，"他是著名的政治家，为埃及的主权和世界和平作出了重

大的贡献，同时他也是诺贝尔和平奖的获得者。"

"他确实是值得纪念的英雄呢。"吉米认真地说。

"没错，无名英雄纪念碑就是由他奠基的。"大胡子叔叔说，"在1981年，这位伟大的总统被人枪击暗杀。人们为了纪念这位为和平作出巨大贡献的英雄，把他葬在了纪念碑中。"

"好可惜，世界上又少了一位伟大的英雄。"花花叹了口气说。

"大胡子叔叔，那是金字塔吗？"映真指着前方一座看上去很像金字塔的建筑问。

"看上去很像，对吗？"大胡子叔叔笑着说，"那就是我们要去看的纪念碑，人们特意把它建造成金字塔的样子，雄伟壮丽又具有埃及特色。这里因此成为开罗的标志性建筑之一，人们称它为'当代金字塔'。每一位来到开罗的人，都会到这里来看一看，祭奠那些英雄和那位伟大的总统。"

"那些士兵守护的就是他吧？"吉米看着三个穿着古代埃及服饰手握长矛的士兵问，在士兵身后是看上去并不华丽的棺椁。

"是的，萨达特就长眠在那里。孩子们，你们看那边，"大胡子叔叔指着无名英雄纪念碑对面的广场说，"那就是胜利广场，那座主席台就是当时萨达特检阅军队时遇刺的检阅台。"

广场上游人很多，大家纷纷在纪念碑前驻足，默默地悼念长眠在这里的伟大总统，也悼念那些为和平牺牲的无名英雄。

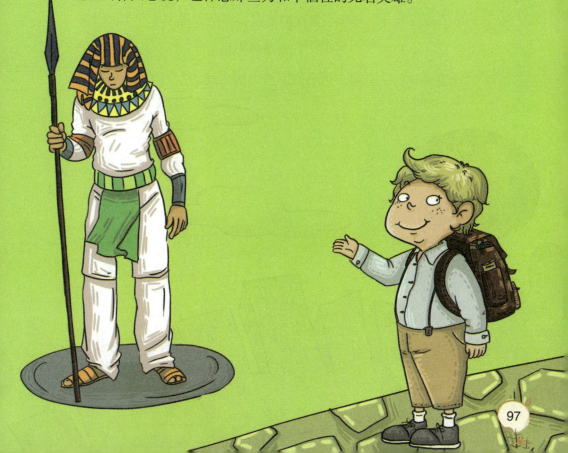

第16章

现代化的解放广场

"孩子们，说说你们近些日子对开罗的印象是怎么样的吧？"这天，大胡子叔叔没有宣布要去参观的地点，而是先提出了一个问题。

"这是一个很古老的城市。"花花首先说。

"这里很神秘，有很多历史留下的未解之谜。"吉米说。

"这里有很悠久的历史，有很多有意思的风俗。"映真思考了一下，回答说。

"嗯，你们说的都没错，"大胡子叔叔点点头说，"不过你们看到的只是开罗的一面，它也有非常现代化的一面哦。今天我们就去看一看。"

很快，孩子们跟随大胡子叔叔来到了今天的目的地——解放广场。

"这是位于开罗市中心的解放广场，"大胡子叔叔向孩子们介绍道，"它是埃及的第一大广场，位于市中心，这里的各种设施都非常现代化。"

"真的呢，这里有很多大楼。看！还有漂亮的酒店！"花花环顾着宽阔的广场说。

"没错，这里集中了埃及很多重要的政治、商业设施。"大胡子叔叔租来一辆游览用的轻便小汽车，孩子们开心地坐了上去。

　　"看，这就是埃及政府大厦。"大胡子叔叔指着坐落于广场南侧一座现代化大楼说，"那是埃及政府处理各种事务的地方，不过不允许我们去参观哦。"

　　孩子们遗憾地点点头。

　　"快看，好漂亮的地方！"花花指着前方一座外观米白色、绿荫掩映的建筑群说。

　　"那就是著名的埃及美国大学，是埃及第一所私立的贵族学校。"大胡子叔叔减慢车速，以便让孩子们好好欣赏这座美丽的学校。

　　"埃及美国大学？"吉米皱皱鼻子问。

　　"这是美国大学在埃及开设的直属学院，"大胡子叔叔解答了小男孩的疑惑，"这座大学在埃及各个地方还设有很多分院，是目前埃及最好的学院。"

　　"能进入里面学习的人一定都是最优秀的学生啦？"花花大眼睛亮亮的，充满向往地看着漂亮的校园。

　　"只要努力，你们也会成为最优秀的学生。"大胡子叔叔说，"这座大学建立于1919年，到现在为止拥有将近300名教师和3000余名学生。"

　　"大家能在里面学到什么呢？"花花似乎非常向往大学生活，问得很仔细。

　　"埃及美国大学拥有政治、经济、文学、理学、语言等大众专

101

业，同时特色的专业有阿拉伯文化研究等等。每一个专业在教育界都很出色。"大胡子叔叔认真地回答花花的每一个问题，"学生们可以在这里学习到他们喜欢的知识。"

游览车继续向前开，孩子们看到了各种各样的商店，店中出售精美的艺术品、时尚的服装，还有埃及的特色美食，每一家店都门庭若市。

"孩子们，看，这是解放广场的一个代表性建筑——阿拉伯国家联盟。"大胡子叔叔减慢车速说。

"联盟？是什么样的地方呢？"吉米皱皱鼻子，看着车窗外威严的建筑说。

　　"阿拉伯国家联盟指的是多个阿拉伯国家组成的地区性国际政治组织，这些国家都位于亚洲或非洲，"大胡子叔叔尽量让孩子们听明白这些不容易弄懂的问题，"这些国家组成联盟是为了加强他们之间的合作，共同维护各国的和平和权利。"

　　"嗯，团结是很重要的事情。"吉米严肃地点点头说，花花和映真被他的怪模样逗得咯咯地笑了。

　　"这个广场和我们之前去过的地方不太一样呢。"花花说，"感觉像是另一个世界。"

　　"是啊，开罗既古老神秘，又没有在进步的现代社会落下脚步，"大胡子叔叔说，"等夜幕降临，你们会看到开罗的夜景，那时，你们会真正爱上这里的。"

　　孩子们一起点点头，其实，他们早已经爱上这里了。

第 **17** 章

沉醉于孟菲斯

　　"开罗是埃及现在的首都，我们去过的底比斯是埃及曾经的都城，大胡子叔叔，我们还要去看埃及的其他都城吗？"吉米拧着眉毛问。

　　"这一点都不奇怪，埃及有那么长的历史。"映真笑呵呵地说。

　　"是的，我们今天要去参观埃及的孟菲斯遗址，那也曾经是埃及的都城，比底比斯还要古老，孟菲斯可以说是古埃及文明的发源地呢。"大胡子叔叔兴高采烈地说。

"那里比底比斯还要古老？天啊，真难以想象。"花花鼓着腮帮子说。

"是啊，孟菲斯是世界上最古老的城市之一，有近5000年的历史，它是古埃及的宗教和政治中心。即使在埃及新王朝时，都城被迁到底比斯，孟菲斯仍然在那时的埃及占据着重要的地位。"大胡子叔叔回答说，"即使现在，那里也是开罗的旅游胜地。"

"那么古老的城市，是什么人建立的呢？"映真问。

"人们已经无从考证了，只能根据一些历史遗留的线索来推论。"大胡子叔叔耸耸肩，"现在大多数史学家都认为孟菲斯城是由埃及第一王朝第一位国王美尼斯所建。在很久很久以前，孟菲斯的建筑都用白石膏粉涂抹外墙，因此它曾被称为'白城'，后来才更名为孟菲斯。"

　　"现在的孟菲斯怎么样了？"花花担忧地问——她想起了被战争毁灭的底比斯。

　　"很遗憾，孩子，"大胡子叔叔清楚地知道孩子们的想法，"和底比斯一样，孟菲斯也没有在埃及悠久的历史中完好地保存下来。由于战争和自然灾害，如今的孟菲斯只剩下遗址供人们参观。不过，即使只有一些古迹，我们仍然可以感受到孟菲斯曾经的辉煌。"

　　"前方就是孟菲斯古城了，朋友们！"领路的导游说。孩子们跟着大胡子叔叔走下大巴车，开始了古城之旅。

　　"大胡子叔叔，这座金字塔的样子好奇怪，和我们之前看到的不同呢。"花花指着出现在面前的古老建筑说。

　　"这是埃及的第一座金字塔，那时埃及才刚刚开始修建金字塔，所以它的样子会和之后的金字塔有一定的差别，"大胡子叔叔带着孩子们走过去，"这就是著名的阶梯

金字塔了。"

　　"一、二、三……"吉米伸着指头数着，"一共有六阶。"

　　大胡子叔叔点点头："没错，一共六阶，每一阶都非常坚固并且构造复杂，关于阶梯金字塔的建设，至今为止也是没有解开的谜。"

　　"古代的埃及人真是太伟大了。"吉米挠了挠脑袋说，"我真想知道是什么人想出了建造金字塔的办法。"

　　"这个是有答案的，孩子。"大胡子叔叔竖起一个指头说，"阶梯金字塔是当时一位名叫英侯泰的大臣设计的。他是当时埃及除法老外最受人们崇拜的人，被认为是伟大的建筑天才。除了建筑，他还会魔术、医疗等，所以又被人们奉为'太阳神的使者'。"

"他是一位英雄呢。"提起英雄，吉米的眼睛就亮亮的。

参观过阶梯金字塔之后，孩子们继续跟大胡子叔叔向前走。很快，他们就在露天的孟菲斯博物馆中看到了一座巨大的石灰石雕像。雕像的双腿被毁掉了，只能平躺着，但是雕像雪白的颜色、精致的雕刻工艺、惟妙惟肖的造型，还有雕像腰间用古代文字镌刻的名字，都显示着这座雕像的不平凡。

"好美的石像，简直不像石头，就像雪人！"花花仔细看着石像微笑着的脸。

"这种石头名叫雪花膏石，"大胡子叔叔说，"古埃及人认为这种石头是人和太阳神交流的媒介，只有最高贵的人的塑像才可以用

这种石材。"

"这是什么人的塑像呢？"映真问。

"这座雕像属于拉美西斯二世，他是埃及历史上最著名的一位法老。"大胡子叔叔回答说，"拉美西斯二世是一位很强大的国王，他战无不胜，热衷于建造宫殿和庙宇，人们称他是'太阳神之子'。"大胡子叔叔转过头看着花花接着说，"同时呢，他还是一位很深情的国王，关于他，有很浪漫的故事哦。"

花花立刻开心地笑了："大胡子叔叔，讲给我们听吧。"

"哈哈，你们都会喜欢这个美丽的故事。"大胡子叔叔说，"拉美西斯二世活了92岁，是很长寿的国王，据说他一生有200位妻子，但是他真正深爱的只有一位，就是他的王后纳菲尔塔利。"

"她一定很美丽吧？"花花问。

"没错，她是一位非常美丽的女子。在拉美西斯二世时期，很多壁画中都有她的身影。"大胡子叔叔点点头，"拉美西斯二世曾经说过这样的话，'阳光是为她而灿烂'。"

"真好，如果我能看到她该多好。"花花露出神往的表情。

大胡子叔叔笑了笑，继续讲道："拉美西斯二世非常爱她，几乎和她形影不离，参加任何活动都会和她一起。而纳菲尔塔利也为当时的埃及作出了很大的贡献，她和当时其他国家的王后保持着良好的关系。要知道，这对于国家之间保持和平是很重要的！所以，纳菲尔塔利的地位是当时所有的妃子都不能达到的。"

"嗯，之后呢？他们一直生活在一起吗？"花花对于浪漫的故事总是期待有一个同样浪漫的结局。

"很遗憾，孩子。"大胡子叔叔摸摸她的头发，"上天似乎嫉妒这对幸福的人，纳菲尔塔利30岁时就因病去世了。"

"好可怜。"花花垂下头，噘起了小嘴。

　　"拉美西斯二世伤心欲绝，他在被称为是'不朽之地'的皇后谷为他的爱人建立了豪华的陵寝，那是所有皇后墓中最豪华的。"大胡子叔叔说，"拉美西斯还为她建立了神庙，在神庙中刻着他亲自书写的文字：'因为有了你，太阳才发出光芒，我对你的爱独一无二，当你轻轻走过我的身边，已经带走我的心。'"

　　"他是一位好国王，也是一位好丈夫。"映真说。吉米也点点头。

　　孩子们低头看着拉美西斯二世的雕像，他微笑着，却又似乎在上扬的嘴角边上露出些许的忧伤……

第18章

咖啡与茶

"孩子们，我们去开罗的街头走一走，好吗？"傍晚，阳光已经消散了大部分的温度，大胡子叔叔拉开落地窗帘，细碎温热的阳光洒在地板上，一连几天四处走，今天孩子们选择在旅馆休息一整天。

"听上去也很有意思呢，我们去体验一下普通开罗人的生活。"孩子们听了都很高兴。

"嗯，这样我们不再是游客，而是生活在这里的人。"吉米对着镜子整理着自己的衬衫领子。

开罗的街头并不是特别整洁，时而可见被人们随手丢弃的垃圾，却充满了宁静祥和的生活气息。

不知不觉中，他们走进一条并不是很宽敞的商业街，放眼望去，很多人散坐在路边的观光坐椅上，围着桌子低声交谈，时而发出愉快的笑声。

"好香。"花花深深地吸了一口气，"好熟悉的味道，是茶！"在家的时候，花花的爸爸常常泡上一杯茶作为一天的开始。

"开罗人也喜欢喝茶吗？我还以为只有中国人是最爱茶的。"吉米说。

"开罗人也一样热爱茶哦，或许有着悠久历史的国家都喜欢喝芳香又回味无穷的茶。"大胡子叔叔说，"不一样的是，中国很多人在家喝茶，而在开罗，人们喜欢泡在茶馆里。所以在开罗，茶馆无处不在。"

"是呀，几乎每走一段路，就能看到一间茶馆。"映真观察得很仔细。

"曾经有人说开罗是个像迷宫一样的城市，但是即便在这里迷路，也可以随便找到一间茶馆。"大胡子叔叔带着孩子们在一张藤制的圆桌前坐下，"有一句话可以用来形容开罗人对茶的热爱，'宁可三日居家无食肉，不可一日出而无饮茶。'就是说开罗人宁可三天不吃肉，也要每天都喝茶——开罗人喝茶已有上千年的历史，到现在已经形成了他们特有的茶文化，而在开罗最出名的就是阿拉伯红茶和饮料。"

"大家到这里只是为了喝茶吗？"花花问。

　　"那是其中的原因之一，开罗人也会选择在茶馆放松或者聊天。"大胡子叔叔说，"还有很多人会把茶馆当作自己的'会议室'来进行工作上的事情。"

　　"这是什么味道？"吉米皱皱鼻子，空气中弥漫着水果香气，混合着燃烧的焦香味。

　　"我也闻到了，似乎比茶的味道还要浓。"花花吸了一口气说。

　　"这是埃及著名的水烟！"大胡子叔叔开心地回答，他很喜欢这个味道，"在埃及，茶馆基本可以分为两类，一类是西式的咖啡茶馆，另一类就是传统的水烟馆。"

　　"水烟？那是什么？中国倒是有旱烟。"花花说。

　　"哈哈，旱烟是中国特有的，水烟则是埃及特有的呢！"大胡子叔叔把服务员送上来的红茶和饮料推到孩子们面前，"把烟丝与水果混合在一起，用炭火烧热，再通过玻璃球里

的清水过滤大部分有害的尼古丁，然后通过长长的烟管吸入嘴里，这就是水烟，埃及很多的男人都非常喜欢。"

"我还是比较喜欢咖啡。"吉米笑笑说。

"我们也是。"映真和花花附和着。

"咖啡馆在开罗城里也非常多哦。"大胡子叔叔喝了一口浓郁的红茶说。

"难道开罗人也喜欢咖啡吗？"花花问。

"没错，咖啡不是埃及的特产，是15世纪才传入这里的。有一段时间咖啡被认为是让人上瘾的不好的东西，但是现在，咖啡已经成了开罗人生活中必不可少的一部分。"大胡子叔叔说，"开罗人的生活节奏比较慢，他们喜欢坐在咖啡馆中，喝一杯咖啡，让时间慢慢流过。他们不在乎咖啡的质量有多高，这种方式只是人们的一种生活态度。"

孩子们点点头。"就是说，咖啡实际上也可以代表开罗啦？"花花思索一下问。

"没错！在开罗，最著名的咖啡馆名叫费萨维咖啡馆。"大胡子叔叔说，"那是开罗最大、历史最悠久的咖啡馆。曾经有人说，费萨维咖啡馆比金字塔更能代表开罗。"

"真的吗？"孩子们反问道。

"我认为，金字塔代表了开罗的历史，而咖啡与茶则代表了开罗人宁静悠闲的生活态度吧。"大胡子叔叔说。

孩子们点点头，品味着杯中的饮料，感受着空气中水烟、咖啡与茶混合的香气，似乎有了些许醉意。

第 19 章

惜别神秘之城

即将离开了，在开罗的日子带给大家太多惊喜、太多思考，也有太多不舍。

"我们去过那么多地方，每个我都很喜欢，可是开罗是我最舍不得离开的地方。"花花抱着小抱枕，翻看着这些日子里大胡子叔叔拍下的照片。

　　"这是一座可以征服每个来访者的城市！"
吉米也感慨了起来。

　　"是啊，仅仅是一些未解之谜，就足以征服
我们了。"花花也同意吉米的看法。

　　"就是因为我们有很多的问题没有弄清楚，
所以才不想离开吧。"映真说，他正和花花挤在
一起看照片。

　　"人们对于未知的事物永远充满好奇心，所
以时代才不断地进步。"大胡子叔叔一边收拾着

行李，一边说，"开罗是世界上最古老的城市之一，由阿拉伯人创建，最初被称作福斯塔特城。历经数千年的岁月变迁，到现在它在世界上拥有不可取代的地位，却仍旧保持着自己充满历史韵味的神秘感——我想这是世界上独一无二的吧。"

"我还喜欢这里的生活方式。大家似乎都没有很繁忙的时候，"花花翻开一张相片，那是在商店选购礼品时拍下

的，"即使在人很多的地方，大家都心平气和的。"

　　"这也是这里的魅力所在啊，"大胡子叔叔把孩子们的行李箱放在一起，拍了拍手总结道，"20世纪以后，开罗进入新的快速发展时期，人口增加，大量的工厂、公司涌现出来，发达的地铁设施为人们的出行带来了方便，这里开始了新的历史篇章。这座古城历经数千年的历史沉淀，虽然繁华却不浮躁，这里生活的人们自然而然会受到影响——城市中居住的人们总

会和这座城市拥有相同的气质。"

这句话孩子们似懂非懂，但是他们听后都开心地笑了。

"等我长大以后，一定要再来一次开罗，那时候或许很多未解之谜都有答案了。"吉米仍旧沉浸在开罗的神秘历史中。

"我也要再来。"花花和映真抢着说。

"一定会再见的，或许有一天你们会是解开那些谜团的人呢！"大胡子叔叔站起来招呼孩子们，"不过现在，让我们暂时和开罗说再见吧！"

······

飞机呼啸着冲上云端，孩子们坐在座位上隔着玻璃向下面渐渐远去的开罗挥手，再见了，神秘之城！